THIS BOOK BELONGS TO

_____

CHIC NOTES

MASTER BUCKET LIST

COMPLETED

1. _____ ☐
2. _____ ☐
3. _____ ☐
4. _____ ☐
5. _____ ☐
6. _____ ☐
7. _____ ☐
8. _____ ☐
9. _____ ☐
10. _____ ☐
11. _____ ☐
12. _____ ☐
13. _____ ☐
14. _____ ☐
15. _____ ☐
16. _____ ☐
17. _____ ☐
18. _____ ☐
19. _____ ☐
20. _____ ☐
21. _____ ☐
22. _____ ☐
23. _____ ☐
24. _____ ☐
25. _____ ☐

MASTER BUCKET LIST   COMPLETED

_____	26	☐
_____	27	☐
_____	28	☐
_____	29	☐
_____	30	☐
_____	31	☐
_____	32	☐
_____	33	☐
_____	34	☐
_____	35	☐
_____	36	☐
_____	37	☐
_____	38	☐
_____	39	☐
_____	40	☐
_____	41	☐
_____	42	☐
_____	43	☐
_____	44	☐
_____	45	☐
_____	46	☐
_____	47	☐
_____	48	☐
_____	49	☐
_____	50	☐

<u>MASTER BUCKET LIST</u>   <u>COMPLETED</u>

_____	51	☐
_____	52	☐
_____	53	☐
_____	54	☐
_____	55	☐
_____	56	☐
_____	57	☐
_____	58	☐
_____	59	☐
_____	60	☐
_____	61	☐
_____	62	☐
_____	63	☐
_____	64	☐
_____	65	☐
_____	66	☐
_____	67	☐
_____	68	☐
_____	69	☐
_____	70	☐
_____	71	☐
_____	72	☐
_____	73	☐
_____	74	☐
_____	75	☐

MASTER BUCKET LIST   COMPLETED

	76	☐
	77	☐
	78	☐
	79	☐
	80	☐
	81	☐
	82	☐
	83	☐
	84	☐
	85	☐
	86	☐
	87	☐
	88	☐
	89	☐
	90	☐
	91	☐
	92	☐
	93	☐
	94	☐
	95	☐
	96	☐
	97	☐
	98	☐
	99	☐
	100	☐

1

I WANT TO DO THIS BECAUSE

_____
_____
_____
_____

TO MAKE IT HAPPEN I NEED

_____
_____
_____

COMPLETED

DATE _____ WHERE _____

WITH _____

MY TREASURED MEMORIES & THOUGHTS

_____
_____
_____
_____
_____
_____
_____
_____
_____

WOULD I DO IT AGAIN?   YES ☐   NO ☐

2

I WANT TO DO THIS BECAUSE

_____

_____

_____

_____

TO MAKE IT HAPPEN I NEED

_____

_____

_____

━━━━━━━━━━━━━━ COMPLETED ━━━━━━━━━

DATE _____ WHERE _____

WITH _____

MY TREASURED MEMORIES & THOUGHTS

_____

_____

_____

_____

_____

_____

_____

WOULD I DO IT AGAIN?   YES ☐   NO ☐

3

I WANT TO DO THIS BECAUSE

_____

_____

_____

_____

TO MAKE IT HAPPEN I NEED

_____

_____

_____

━━━━━━━━━━━ COMPLETED ━━━━━━━━━━━

DATE _____ WHERE _____

WITH _____

MY TREASURED MEMORIES & THOUGHTS

_____

_____

_____

_____

_____

_____

_____

_____

_____

WOULD I DO IT AGAIN?   YES ☐   NO ☐

4

I WANT TO DO THIS BECAUSE

_____

_____

_____

_____

TO MAKE IT HAPPEN I NEED

_____

_____

_____

COMPLETED

DATE _____ WHERE _____

WITH _____

MY TREASURED MEMORIES & THOUGHTS

_____

_____

_____

_____

_____

_____

_____

_____

_____

WOULD I DO IT AGAIN?   YES ☐   NO ☐

5

I WANT TO DO THIS BECAUSE

_____

_____

_____

_____

TO MAKE IT HAPPEN I NEED

_____

_____

_____

COMPLETED

DATE _____ WHERE _____

WITH _____

MY TREASURED MEMORIES & THOUGHTS

_____

_____

_____

_____

_____

_____

_____

_____

WOULD I DO IT AGAIN?   YES ☐   NO ☐

6

I WANT TO DO THIS BECAUSE

_____

_____

_____

_____

TO MAKE IT HAPPEN I NEED

_____

_____

_____

━━━━━━━━━━━━━ COMPLETED ━━━━━━━━━━━━━

DATE _____ WHERE _____

WITH _____

MY TREASURED MEMORIES & THOUGHTS

_____

_____

_____

_____

_____

_____

_____

_____

WOULD I DO IT AGAIN?   YES ☐   NO ☐

7

I WANT TO DO THIS BECAUSE

_____

_____

_____

_____

TO MAKE IT HAPPEN I NEED

_____

_____

_____

━━━━━ COMPLETED ━━━━━

DATE _____ WHERE _____

WITH _____

MY TREASURED MEMORIES & THOUGHTS

_____

_____

_____

_____

_____

_____

_____

_____

_____

WOULD I DO IT AGAIN?   YES ☐   NO ☐

8

I WANT TO DO THIS BECAUSE

_____

_____

_____

_____

TO MAKE IT HAPPEN I NEED

_____

_____

_____

━━━━━ COMPLETED ━━━━━

DATE _____ WHERE _____

WITH _____

MY TREASURED MEMORIES & THOUGHTS

_____

_____

_____

_____

_____

_____

_____

_____

WOULD I DO IT AGAIN?   YES ☐   NO ☐

9

I WANT TO DO THIS BECAUSE

_____

_____

_____

_____

TO MAKE IT HAPPEN I NEED

_____

_____

_____

COMPLETED

DATE _____ WHERE _____

WITH _____

MY TREASURED MEMORIES & THOUGHTS

_____

_____

_____

_____

_____

_____

_____

_____

WOULD I DO IT AGAIN?   YES ☐   NO ☐

10

I WANT TO DO THIS BECAUSE

_____
_____
_____
_____

TO MAKE IT HAPPEN I NEED

_____
_____
_____

COMPLETED

DATE _____ WHERE _____

WITH _____

MY TREASURED MEMORIES & THOUGHTS

_____
_____
_____
_____
_____
_____
_____
_____

WOULD I DO IT AGAIN?   YES ☐   NO ☐

11

I WANT TO DO THIS BECAUSE

_____
_____
_____
_____

TO MAKE IT HAPPEN I NEED

_____
_____
_____

COMPLETED

DATE _____ WHERE _____

WITH _____

MY TREASURED MEMORIES & THOUGHTS

_____
_____
_____
_____
_____
_____
_____
_____

WOULD I DO IT AGAIN?   YES ☐   NO ☐

12

I WANT TO DO THIS BECAUSE

_____
_____
_____
_____

TO MAKE IT HAPPEN I NEED

_____
_____
_____

COMPLETED

DATE _____ WHERE _____

WITH _____

MY TREASURED MEMORIES & THOUGHTS

_____
_____
_____
_____
_____
_____
_____
_____
_____

WOULD I DO IT AGAIN?   YES ☐   NO ☐

13

I WANT TO DO THIS BECAUSE

_____

_____

_____

_____

TO MAKE IT HAPPEN I NEED

_____

_____

_____

COMPLETED

DATE _____ WHERE _____

WITH _____

MY TREASURED MEMORIES & THOUGHTS

_____

_____

_____

_____

_____

_____

_____

_____

WOULD I DO IT AGAIN?   YES ☐   NO ☐

14

I WANT TO DO THIS BECAUSE

_____

_____

_____

_____

TO MAKE IT HAPPEN I NEED

_____

_____

_____

━━━━━━━━━ COMPLETED ━━━━━━━━━

DATE _____ WHERE _____

WITH _____

MY TREASURED MEMORIES & THOUGHTS

_____

_____

_____

_____

_____

_____

_____

_____

_____

WOULD I DO IT AGAIN?   YES ☐   NO ☐

15

I WANT TO DO THIS BECAUSE

_____

_____

_____

_____

TO MAKE IT HAPPEN I NEED

_____

_____

_____

═══════ COMPLETED ═══════

DATE _____ WHERE _____

WITH _____

MY TREASURED MEMORIES & THOUGHTS

_____

_____

_____

_____

_____

_____

_____

_____

WOULD I DO IT AGAIN?   YES ☐   NO ☐

16

I WANT TO DO THIS BECAUSE

_____

_____

_____

_____

TO MAKE IT HAPPEN I NEED

_____

_____

_____

━━━━━━━━━━ COMPLETED ━━━━━━━━━━

DATE _____ WHERE _____

WITH _____

MY TREASURED MEMORIES & THOUGHTS

_____

_____

_____

_____

_____

_____

_____

_____

WOULD I DO IT AGAIN?   YES ☐   NO ☐

17

I WANT TO DO THIS BECAUSE

_____

_____

_____

_____

TO MAKE IT HAPPEN I NEED

_____

_____

_____

COMPLETED

DATE _____ WHERE _____

WITH _____

MY TREASURED MEMORIES & THOUGHTS

_____

_____

_____

_____

_____

_____

_____

_____

_____

WOULD I DO IT AGAIN?　　YES ☐　　NO ☐

18

I WANT TO DO THIS BECAUSE

_____

_____

_____

_____

TO MAKE IT HAPPEN I NEED

_____

_____

_____

COMPLETED

DATE _____ WHERE _____

WITH _____

MY TREASURED MEMORIES & THOUGHTS

_____

_____

_____

_____

_____

_____

_____

_____

_____

WOULD I DO IT AGAIN?   YES ☐   NO ☐

19

I WANT TO DO THIS BECAUSE

_____

_____

_____

_____

TO MAKE IT HAPPEN I NEED

_____

_____

_____

COMPLETED

DATE _____ WHERE _____

WITH _____

MY TREASURED MEMORIES & THOUGHTS

_____

_____

_____

_____

_____

_____

_____

_____

_____

WOULD I DO IT AGAIN?   YES ☐   NO ☐

20

I WANT TO DO THIS BECAUSE

_____

_____

_____

_____

TO MAKE IT HAPPEN I NEED

_____

_____

_____

━━━━━━━━━━ COMPLETED ━━━━━━━━━━

DATE _____ WHERE _____

WITH _____

MY TREASURED MEMORIES & THOUGHTS

_____

_____

_____

_____

_____

_____

_____

_____

WOULD I DO IT AGAIN?　　YES ☐　　NO ☐

21

I WANT TO DO THIS BECAUSE

_____

_____

_____

_____

TO MAKE IT HAPPEN I NEED

_____

_____

_____

COMPLETED

DATE _____ WHERE _____

WITH _____

MY TREASURED MEMORIES & THOUGHTS

_____

_____

_____

_____

_____

_____

_____

_____

_____

WOULD I DO IT AGAIN?   YES ☐   NO ☐

22

I WANT TO DO THIS BECAUSE

_____

_____

_____

_____

TO MAKE IT HAPPEN I NEED

_____

_____

_____

COMPLETED

DATE _____   WHERE _____

WITH _____

MY TREASURED MEMORIES & THOUGHTS

_____

_____

_____

_____

_____

_____

_____

_____

_____

WOULD I DO IT AGAIN?   YES ☐   NO ☐

23

I WANT TO DO THIS BECAUSE

_____
_____
_____
_____

TO MAKE IT HAPPEN I NEED

_____
_____
_____

COMPLETED

DATE _____ WHERE _____

WITH _____

MY TREASURED MEMORIES & THOUGHTS

_____
_____
_____
_____
_____
_____
_____
_____
_____

WOULD I DO IT AGAIN?   YES ☐   NO ☐

24

I WANT TO DO THIS BECAUSE

_____
_____
_____
_____

TO MAKE IT HAPPEN I NEED

_____
_____
_____

━━━━━━━━━━━━ COMPLETED ━━━━━━━━━━━━

DATE _____ WHERE _____

WITH _____

MY TREASURED MEMORIES & THOUGHTS

_____
_____
_____
_____
_____
_____
_____
_____

WOULD I DO IT AGAIN?   YES ☐   NO ☐

25

I WANT TO DO THIS BECAUSE

_____

_____

_____

_____

TO MAKE IT HAPPEN I NEED

_____

_____

_____

COMPLETED

DATE _____ WHERE _____

WITH _____

MY TREASURED MEMORIES & THOUGHTS

_____

_____

_____

_____

_____

_____

_____

_____

WOULD I DO IT AGAIN?   YES ☐   NO ☐

26

I WANT TO DO THIS BECAUSE

_____

_____

_____

_____

TO MAKE IT HAPPEN I NEED

_____

_____

_____

━━━━━━━━━━━━━ COMPLETED ━━━━━━━━━━━━━

DATE _____ WHERE _____

WITH _____

MY TREASURED MEMORIES & THOUGHTS

_____

_____

_____

_____

_____

_____

_____

_____

WOULD I DO IT AGAIN?   YES ☐   NO ☐

27

I WANT TO DO THIS BECAUSE

_____
_____
_____
_____

TO MAKE IT HAPPEN I NEED

_____
_____
_____

━━━━━━━━━━ COMPLETED ━━━━━━━━━━

DATE _____ WHERE _____

WITH _____

MY TREASURED MEMORIES & THOUGHTS

_____
_____
_____
_____
_____
_____
_____
_____

WOULD I DO IT AGAIN?   YES ☐   NO ☐

28

I WANT TO DO THIS BECAUSE

_____
_____
_____
_____

TO MAKE IT HAPPEN I NEED

_____
_____
_____

━━━━━━━━━━━━ COMPLETED ━━━━━━━━━━━━

DATE _____ WHERE _____

WITH _____

MY TREASURED MEMORIES & THOUGHTS

_____
_____
_____
_____
_____
_____
_____
_____

WOULD I DO IT AGAIN?   YES ☐   NO ☐

29

I WANT TO DO THIS BECAUSE

_____

_____

_____

_____

TO MAKE IT HAPPEN I NEED

_____

_____

_____

COMPLETED

DATE _____ WHERE _____

WITH _____

MY TREASURED MEMORIES & THOUGHTS

_____

_____

_____

_____

_____

_____

_____

_____

_____

WOULD I DO IT AGAIN?　　YES ☐　　NO ☐

30

I WANT TO DO THIS BECAUSE

_____

_____

_____

_____

TO MAKE IT HAPPEN I NEED

_____

_____

_____

COMPLETED

DATE _____ WHERE _____

WITH _____

MY TREASURED MEMORIES & THOUGHTS

_____

_____

_____

_____

_____

_____

_____

_____

_____

WOULD I DO IT AGAIN?   YES ☐   NO ☐

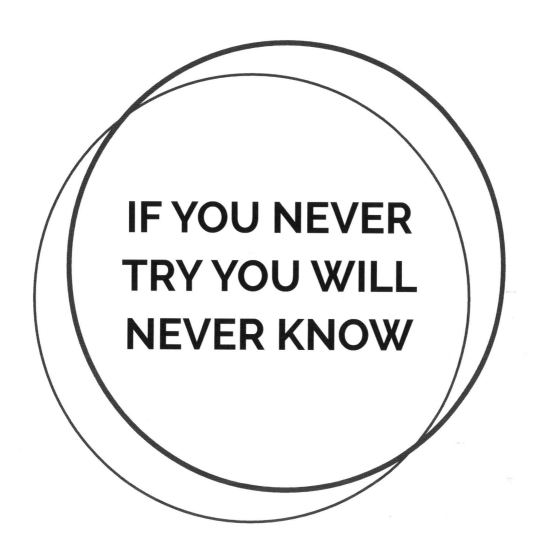
IF YOU NEVER TRY YOU WILL NEVER KNOW

31

I WANT TO DO THIS BECAUSE

_____
_____
_____
_____

TO MAKE IT HAPPEN I NEED

_____
_____
_____

COMPLETED

DATE _____ WHERE _____

WITH _____

MY TREASURED MEMORIES & THOUGHTS

_____
_____
_____
_____
_____
_____
_____
_____
_____

WOULD I DO IT AGAIN?   YES ☐   NO ☐

32

I WANT TO DO THIS BECAUSE

_____

_____

_____

_____

TO MAKE IT HAPPEN I NEED

_____

_____

_____

━━━━━━━━━━━━━ COMPLETED ━━━━━━━━━━━━━

DATE _____ WHERE _____

WITH _____

MY TREASURED MEMORIES & THOUGHTS

_____

_____

_____

_____

_____

_____

_____

_____

_____

WOULD I DO IT AGAIN?   YES ☐   NO ☐

33

I WANT TO DO THIS BECAUSE

_____

_____

_____

_____

TO MAKE IT HAPPEN I NEED

_____

_____

_____

━━━━━━━━━━ COMPLETED ━━━━━━━━━━

DATE _____ WHERE _____

WITH _____

MY TREASURED MEMORIES & THOUGHTS

_____

_____

_____

_____

_____

_____

_____

_____

WOULD I DO IT AGAIN?   YES ☐   NO ☐

34

I WANT TO DO THIS BECAUSE

_____

_____

_____

_____

TO MAKE IT HAPPEN I NEED

_____

_____

_____

━━━━━━━━━━━━━━ COMPLETED ━━━━━━━━━━━━━━

DATE _____ WHERE _____

WITH _____

MY TREASURED MEMORIES & THOUGHTS

_____

_____

_____

_____

_____

_____

_____

_____

WOULD I DO IT AGAIN?   YES ☐   NO ☐

35

I WANT TO DO THIS BECAUSE

_____

_____

_____

_____

TO MAKE IT HAPPEN I NEED

_____

_____

_____

COMPLETED

DATE _____ WHERE _____

WITH _____

MY TREASURED MEMORIES & THOUGHTS

_____

_____

_____

_____

_____

_____

_____

_____

WOULD I DO IT AGAIN?   YES ☐   NO ☐

36

I WANT TO DO THIS BECAUSE

_____

_____

_____

_____

TO MAKE IT HAPPEN I NEED

_____

_____

_____

━━━━━━━━━━━━ COMPLETED ━━━━━━━━━━━━

DATE _____ WHERE _____

WITH _____

MY TREASURED MEMORIES & THOUGHTS

_____

_____

_____

_____

_____

_____

_____

_____

WOULD I DO IT AGAIN?   YES ☐   NO ☐

37

I WANT TO DO THIS BECAUSE

_____

_____

_____

_____

TO MAKE IT HAPPEN I NEED

_____

_____

_____

_____

━━━━━ COMPLETED ━━━━━

DATE _____ WHERE _____

WITH _____

MY TREASURED MEMORIES & THOUGHTS

_____

_____

_____

_____

_____

_____

_____

_____

WOULD I DO IT AGAIN?   YES ☐   NO ☐

38

I WANT TO DO THIS BECAUSE

_____

_____

_____

_____

TO MAKE IT HAPPEN I NEED

_____

_____

_____

▬▬▬▬▬▬ COMPLETED ▬▬▬▬▬▬

DATE _____ WHERE _____

WITH _____

MY TREASURED MEMORIES & THOUGHTS

_____

_____

_____

_____

_____

_____

_____

_____

_____

WOULD I DO IT AGAIN?   YES ☐   NO ☐

39

I WANT TO DO THIS BECAUSE

_____

_____

_____

_____

TO MAKE IT HAPPEN I NEED

_____

_____

_____

COMPLETED

DATE _____ WHERE _____

WITH _____

MY TREASURED MEMORIES & THOUGHTS

_____

_____

_____

_____

_____

_____

_____

_____

WOULD I DO IT AGAIN?   YES ☐   NO ☐

40

I WANT TO DO THIS BECAUSE

_____

_____

_____

_____

TO MAKE IT HAPPEN I NEED

_____

_____

_____

━━━━━━━━━━━━━ COMPLETED ━━━━━━━━━━━━━

DATE _____   WHERE _____

WITH _____

MY TREASURED MEMORIES & THOUGHTS

_____

_____

_____

_____

_____

_____

_____

_____

WOULD I DO IT AGAIN?   YES ☐   NO ☐

41

I WANT TO DO THIS BECAUSE

_____
_____
_____
_____

TO MAKE IT HAPPEN I NEED

_____
_____
_____

COMPLETED

DATE _____ WHERE _____

WITH _____

MY TREASURED MEMORIES & THOUGHTS

_____
_____
_____
_____
_____
_____
_____
_____
_____

WOULD I DO IT AGAIN?   YES ☐   NO ☐

42

I WANT TO DO THIS BECAUSE

_____
_____
_____
_____

TO MAKE IT HAPPEN I NEED

_____
_____
_____

COMPLETED

DATE _____ WHERE _____

WITH _____

MY TREASURED MEMORIES & THOUGHTS

_____
_____
_____
_____
_____
_____
_____
_____
_____
_____

WOULD I DO IT AGAIN?   YES ☐   NO ☐

43

I WANT TO DO THIS BECAUSE

_____

_____

_____

_____

TO MAKE IT HAPPEN I NEED

_____

_____

_____

━━━━━━━━━━━ COMPLETED ━━━━━━━━━━━

DATE _____ WHERE _____

WITH _____

MY TREASURED MEMORIES & THOUGHTS

_____

_____

_____

_____

_____

_____

_____

_____

WOULD I DO IT AGAIN?   YES ☐   NO ☐

44

I WANT TO DO THIS BECAUSE

_____
_____
_____
_____

TO MAKE IT HAPPEN I NEED

_____
_____
_____

——— COMPLETED ———

DATE _____ WHERE _____

WITH _____

MY TREASURED MEMORIES & THOUGHTS

_____
_____
_____
_____
_____
_____
_____
_____

WOULD I DO IT AGAIN?   YES ☐   NO ☐

45

I WANT TO DO THIS BECAUSE

_____

_____

_____

_____

TO MAKE IT HAPPEN I NEED

_____

_____

_____

COMPLETED

DATE _____ WHERE _____

WITH _____

MY TREASURED MEMORIES & THOUGHTS

_____

_____

_____

_____

_____

_____

_____

_____

WOULD I DO IT AGAIN?   YES ☐   NO ☐

46

I WANT TO DO THIS BECAUSE

_____
_____
_____
_____

TO MAKE IT HAPPEN I NEED

_____
_____
_____

COMPLETED

DATE _____ WHERE _____

WITH _____

MY TREASURED MEMORIES & THOUGHTS

_____
_____
_____
_____
_____
_____
_____
_____
_____

WOULD I DO IT AGAIN?   YES ☐   NO ☐

47

I WANT TO DO THIS BECAUSE

_____

_____

_____

_____

TO MAKE IT HAPPEN I NEED

_____

_____

_____

COMPLETED

DATE _____ WHERE _____

WITH _____

MY TREASURED MEMORIES & THOUGHTS

_____

_____

_____

_____

_____

_____

_____

_____

_____

WOULD I DO IT AGAIN?   YES ☐   NO ☐

48

I WANT TO DO THIS BECAUSE

_____
_____
_____
_____

TO MAKE IT HAPPEN I NEED

_____
_____
_____

▬▬▬▬▬▬ COMPLETED ▬▬▬▬▬▬

DATE _____ WHERE _____

WITH _____

MY TREASURED MEMORIES & THOUGHTS

_____
_____
_____
_____
_____
_____
_____
_____
_____

WOULD I DO IT AGAIN?   YES ☐   NO ☐

49

I WANT TO DO THIS BECAUSE

_____

_____

_____

_____

TO MAKE IT HAPPEN I NEED

_____

_____

_____

COMPLETED

DATE _____ WHERE _____

WITH _____

MY TREASURED MEMORIES & THOUGHTS

_____

_____

_____

_____

_____

_____

_____

_____

_____

WOULD I DO IT AGAIN?   YES ☐   NO ☐

50

I WANT TO DO THIS BECAUSE

_____

_____

_____

_____

TO MAKE IT HAPPEN I NEED

_____

_____

_____

━━━━━━━━━━━ COMPLETED ━━━━━━━━━━━

DATE _____ WHERE _____

WITH _____

MY TREASURED MEMORIES & THOUGHTS

_____

_____

_____

_____

_____

_____

_____

_____

_____

WOULD I DO IT AGAIN?   YES ☐   NO ☐

51

I WANT TO DO THIS BECAUSE

_____
_____
_____
_____

TO MAKE IT HAPPEN I NEED

_____
_____
_____

══════════ COMPLETED ══════════

DATE _____ WHERE _____

WITH _____

MY TREASURED MEMORIES & THOUGHTS

_____
_____
_____
_____
_____
_____
_____
_____

WOULD I DO IT AGAIN?   YES ☐   NO ☐

52

I WANT TO DO THIS BECAUSE

_____
_____
_____
_____

TO MAKE IT HAPPEN I NEED

_____
_____
_____

━━━━━━━━━━ COMPLETED ━━━━━━━━━━

DATE _____ WHERE _____

WITH _____

MY TREASURED MEMORIES & THOUGHTS

_____
_____
_____
_____
_____
_____
_____
_____
_____

WOULD I DO IT AGAIN?   YES ☐   NO ☐

53

I WANT TO DO THIS BECAUSE

_____

_____

_____

_____

TO MAKE IT HAPPEN I NEED

_____

_____

_____

COMPLETED

DATE _____ WHERE _____

WITH _____

MY TREASURED MEMORIES & THOUGHTS

_____

_____

_____

_____

_____

_____

_____

_____

_____

WOULD I DO IT AGAIN?   YES ☐   NO ☐

54

I WANT TO DO THIS BECAUSE

_____

_____

_____

_____

TO MAKE IT HAPPEN I NEED

_____

_____

_____

━━━━━ COMPLETED ━━━━━

DATE _____ WHERE _____

WITH _____

MY TREASURED MEMORIES & THOUGHTS

_____

_____

_____

_____

_____

_____

_____

_____

WOULD I DO IT AGAIN?   YES ☐   NO ☐

55

I WANT TO DO THIS BECAUSE

_____

_____

_____

_____

TO MAKE IT HAPPEN I NEED

_____

_____

_____

━━━━━━━━━━ COMPLETED ━━━━━━━━━━

DATE _____ WHERE _____

WITH _____

MY TREASURED MEMORIES & THOUGHTS

_____

_____

_____

_____

_____

_____

_____

_____

_____

WOULD I DO IT AGAIN?   YES ☐   NO ☐

56

I WANT TO DO THIS BECAUSE

_____

_____

_____

_____

TO MAKE IT HAPPEN I NEED

_____

_____

_____

◼◼◼ COMPLETED ◼◼◼

DATE _____ WHERE _____

WITH _____

MY TREASURED MEMORIES & THOUGHTS

_____

_____

_____

_____

_____

_____

_____

_____

WOULD I DO IT AGAIN?   YES ☐   NO ☐

57

I WANT TO DO THIS BECAUSE

_____

_____

_____

_____

TO MAKE IT HAPPEN I NEED

_____

_____

_____

━━━━━━━━━━━ COMPLETED ━━━━━━━━━━━

DATE _____ WHERE _____

WITH _____

MY TREASURED MEMORIES & THOUGHTS

_____

_____

_____

_____

_____

_____

_____

_____

WOULD I DO IT AGAIN?   YES ☐   NO ☐

58

I WANT TO DO THIS BECAUSE

_____
_____
_____
_____

TO MAKE IT HAPPEN I NEED

_____
_____
_____

COMPLETED

DATE _____ WHERE _____

WITH _____

MY TREASURED MEMORIES & THOUGHTS

_____
_____
_____
_____
_____
_____
_____
_____
_____

WOULD I DO IT AGAIN?   YES ☐   NO ☐

59

I WANT TO DO THIS BECAUSE

_____

_____

_____

_____

TO MAKE IT HAPPEN I NEED

_____

_____

_____

━━━━━ COMPLETED ━━━━━

DATE _____ WHERE _____

WITH _____

MY TREASURED MEMORIES & THOUGHTS

_____

_____

_____

_____

_____

_____

_____

_____

WOULD I DO IT AGAIN?   YES ☐   NO ☐

60

I WANT TO DO THIS BECAUSE

_____

_____

_____

_____

TO MAKE IT HAPPEN I NEED

_____

_____

_____

━━━━━━━━━━━━━ COMPLETED ━━━━━━━━━━━━━

DATE _____ WHERE _____

WITH _____

MY TREASURED MEMORIES & THOUGHTS

_____

_____

_____

_____

_____

_____

_____

_____

_____

WOULD I DO IT AGAIN?   YES ☐   NO ☐

61

I WANT TO DO THIS BECAUSE

_____
_____
_____
_____

TO MAKE IT HAPPEN I NEED

_____
_____
_____

COMPLETED

DATE _____ WHERE _____

WITH _____

MY TREASURED MEMORIES & THOUGHTS

_____
_____
_____
_____
_____
_____
_____
_____

WOULD I DO IT AGAIN?   YES ☐   NO ☐

62

I WANT TO DO THIS BECAUSE

_____

_____

_____

_____

TO MAKE IT HAPPEN I NEED

_____

_____

_____

━━━━━━━━━━━━━ COMPLETED ━━━━━━━━━━━━━

DATE _____ WHERE _____

WITH _____

MY TREASURED MEMORIES & THOUGHTS

_____

_____

_____

_____

_____

_____

_____

_____

WOULD I DO IT AGAIN?   YES ☐   NO ☐

63

I WANT TO DO THIS BECAUSE

_____

_____

_____

_____

TO MAKE IT HAPPEN I NEED

_____

_____

_____

COMPLETED

DATE _____ WHERE _____

WITH _____

MY TREASURED MEMORIES & THOUGHTS

_____

_____

_____

_____

_____

_____

_____

_____

WOULD I DO IT AGAIN?   YES ☐   NO ☐

64

I WANT TO DO THIS BECAUSE

_____

_____

_____

_____

TO MAKE IT HAPPEN I NEED

_____

_____

_____

COMPLETED

DATE _____ WHERE _____

WITH _____

MY TREASURED MEMORIES & THOUGHTS

_____

_____

_____

_____

_____

_____

_____

_____

WOULD I DO IT AGAIN?   YES ☐   NO ☐

65

I WANT TO DO THIS BECAUSE

_____

_____

_____

_____

TO MAKE IT HAPPEN I NEED

_____

_____

_____

COMPLETED

DATE _____ WHERE _____

WITH _____

MY TREASURED MEMORIES & THOUGHTS

_____

_____

_____

_____

_____

_____

_____

_____

WOULD I DO IT AGAIN?   YES ☐   NO ☐

66

I WANT TO DO THIS BECAUSE

_____

_____

_____

_____

TO MAKE IT HAPPEN I NEED

_____

_____

_____

━━━━━━━━━━━━━━ COMPLETED ━━━━━━━━━━━━━━

DATE _____ WHERE _____

WITH _____

MY TREASURED MEMORIES & THOUGHTS

_____

_____

_____

_____

_____

_____

_____

_____

WOULD I DO IT AGAIN?   YES ☐   NO ☐

67

I WANT TO DO THIS BECAUSE

_____

_____

_____

_____

TO MAKE IT HAPPEN I NEED

_____

_____

_____

COMPLETED

DATE _____ WHERE _____

WITH _____

MY TREASURED MEMORIES & THOUGHTS

_____

_____

_____

_____

_____

_____

_____

_____

WOULD I DO IT AGAIN?   YES ☐   NO ☐

68

I WANT TO DO THIS BECAUSE

_____

_____

_____

_____

TO MAKE IT HAPPEN I NEED

_____

_____

_____

━━━━━━━━━━━ COMPLETED ━━━━━━━━━━━

DATE _____ WHERE _____

WITH _____

MY TREASURED MEMORIES & THOUGHTS

_____

_____

_____

_____

_____

_____

_____

_____

_____

WOULD I DO IT AGAIN?   YES ☐   NO ☐

69

I WANT TO DO THIS BECAUSE

_____
_____
_____
_____

TO MAKE IT HAPPEN I NEED

_____
_____
_____

COMPLETED

DATE _____ WHERE _____

WITH _____

MY TREASURED MEMORIES & THOUGHTS

_____
_____
_____
_____
_____
_____
_____
_____
_____

WOULD I DO IT AGAIN?   YES ☐   NO ☐

70

I WANT TO DO THIS BECAUSE

_____

_____

_____

_____

TO MAKE IT HAPPEN I NEED

_____

_____

_____

COMPLETED

DATE _____ WHERE _____

WITH _____

MY TREASURED MEMORIES & THOUGHTS

_____

_____

_____

_____

_____

_____

_____

_____

WOULD I DO IT AGAIN?   YES ☐   NO ☐

71

I WANT TO DO THIS BECAUSE

_____

_____

_____

_____

TO MAKE IT HAPPEN I NEED

_____

_____

_____

═══════════════ COMPLETED ═══════════════

DATE _____ WHERE _____

WITH _____

MY TREASURED MEMORIES & THOUGHTS

_____

_____

_____

_____

_____

_____

_____

_____

WOULD I DO IT AGAIN?   YES ☐   NO ☐

72

I WANT TO DO THIS BECAUSE

_____

_____

_____

_____

TO MAKE IT HAPPEN I NEED

_____

_____

_____

━━━━━━━━ COMPLETED ━━━━━━━━

DATE _____ WHERE _____

WITH _____

MY TREASURED MEMORIES & THOUGHTS

_____

_____

_____

_____

_____

_____

_____

_____

WOULD I DO IT AGAIN?   YES ☐   NO ☐

73

I WANT TO DO THIS BECAUSE

_____

_____

_____

_____

TO MAKE IT HAPPEN I NEED

_____

_____

_____

━━━━━━━━━━ COMPLETED ━━━━━━━━━━

DATE _____   WHERE _____

WITH _____

MY TREASURED MEMORIES & THOUGHTS

_____

_____

_____

_____

_____

_____

_____

_____

WOULD I DO IT AGAIN?   YES ☐   NO ☐

74

I WANT TO DO THIS BECAUSE

_____

_____

_____

_____

TO MAKE IT HAPPEN I NEED

_____

_____

_____

━━━━━━━━━━━━━━ COMPLETED ━━━━━━━━━━━━━━

DATE _____ WHERE _____

WITH _____

MY TREASURED MEMORIES & THOUGHTS

_____

_____

_____

_____

_____

_____

_____

WOULD I DO IT AGAIN?   YES ☐   NO ☐

75

I WANT TO DO THIS BECAUSE

_____

_____

_____

_____

TO MAKE IT HAPPEN I NEED

_____

_____

_____

━━━━━━━━━━ COMPLETED ━━━━━━━━━━

DATE _____ WHERE _____

WITH _____

MY TREASURED MEMORIES & THOUGHTS

_____

_____

_____

_____

_____

_____

_____

_____

_____

WOULD I DO IT AGAIN?   YES ☐   NO ☐

76

I WANT TO DO THIS BECAUSE

_____

_____

_____

_____

TO MAKE IT HAPPEN I NEED

_____

_____

_____

════ COMPLETED ════

DATE _____ WHERE _____

WITH _____

MY TREASURED MEMORIES & THOUGHTS

_____

_____

_____

_____

_____

_____

_____

_____

_____

WOULD I DO IT AGAIN?   YES ☐   NO ☐

77

I WANT TO DO THIS BECAUSE

_____

_____

_____

_____

TO MAKE IT HAPPEN I NEED

_____

_____

_____

COMPLETED

DATE _____ WHERE _____

WITH _____

MY TREASURED MEMORIES & THOUGHTS

_____

_____

_____

_____

_____

_____

_____

_____

_____

WOULD I DO IT AGAIN?   YES ☐   NO ☐

78

I WANT TO DO THIS BECAUSE

_____

_____

_____

_____

TO MAKE IT HAPPEN I NEED

_____

_____

_____

━━━━━━━━━━ COMPLETED ━━━━━━━━━━

DATE _____ WHERE _____

WITH _____

MY TREASURED MEMORIES & THOUGHTS

_____

_____

_____

_____

_____

_____

_____

_____

WOULD I DO IT AGAIN?   YES ☐   NO ☐

79

I WANT TO DO THIS BECAUSE

_____

_____

_____

_____

TO MAKE IT HAPPEN I NEED

_____

_____

_____

━━━━━━━━━━ COMPLETED ━━━━━━━━━━

DATE _____ WHERE _____

WITH _____

MY TREASURED MEMORIES & THOUGHTS

_____

_____

_____

_____

_____

_____

_____

_____

_____

WOULD I DO IT AGAIN?   YES ☐   NO ☐

80

I WANT TO DO THIS BECAUSE

_____

_____

_____

_____

TO MAKE IT HAPPEN I NEED

_____

_____

_____

━━━━━━ COMPLETED ━━━━━━

DATE _____ WHERE _____

WITH _____

MY TREASURED MEMORIES & THOUGHTS

_____

_____

_____

_____

_____

_____

_____

_____

WOULD I DO IT AGAIN?　　YES ☐　　NO ☐

81

I WANT TO DO THIS BECAUSE

_____
_____
_____
_____

TO MAKE IT HAPPEN I NEED

_____
_____
_____

COMPLETED

DATE _____ WHERE _____

WITH _____

MY TREASURED MEMORIES & THOUGHTS

_____
_____
_____
_____
_____
_____
_____
_____
_____

WOULD I DO IT AGAIN?   YES ☐   NO ☐

82

I WANT TO DO THIS BECAUSE

_____

_____

_____

_____

TO MAKE IT HAPPEN I NEED

_____

_____

_____

━━━━━ COMPLETED ━━━━━

DATE _____ WHERE _____

WITH _____

MY TREASURED MEMORIES & THOUGHTS

_____

_____

_____

_____

_____

_____

_____

_____

WOULD I DO IT AGAIN?　　YES ☐　　NO ☐

83

I WANT TO DO THIS BECAUSE

_____
_____
_____
_____

TO MAKE IT HAPPEN I NEED

_____
_____
_____

COMPLETED

DATE _____ WHERE _____

WITH _____

MY TREASURED MEMORIES & THOUGHTS

_____
_____
_____
_____
_____
_____
_____
_____
_____

WOULD I DO IT AGAIN?   YES ☐   NO ☐

84

I WANT TO DO THIS BECAUSE

_____

_____

_____

_____

TO MAKE IT HAPPEN I NEED

_____

_____

_____

━━━━━━━━━━━━ COMPLETED ━━━━━━━━━━━━

DATE _____ WHERE _____

WITH _____

MY TREASURED MEMORIES & THOUGHTS

_____

_____

_____

_____

_____

_____

_____

_____

WOULD I DO IT AGAIN?   YES ☐   NO ☐

85

I WANT TO DO THIS BECAUSE

_____

_____

_____

_____

TO MAKE IT HAPPEN I NEED

_____

_____

_____

━━━━━━━━━━ COMPLETED ━━━━━━━━━━

DATE _____ WHERE _____

WITH _____

MY TREASURED MEMORIES & THOUGHTS

_____

_____

_____

_____

_____

_____

_____

_____

WOULD I DO IT AGAIN?   YES ☐   NO ☐

86

I WANT TO DO THIS BECAUSE

_____

_____

_____

_____

TO MAKE IT HAPPEN I NEED

_____

_____

_____

=============== COMPLETED ===============

DATE _____ WHERE _____

WITH _____

MY TREASURED MEMORIES & THOUGHTS

_____

_____

_____

_____

_____

_____

_____

_____

WOULD I DO IT AGAIN?   YES ☐   NO ☐

87

I WANT TO DO THIS BECAUSE

_____

_____

_____

_____

TO MAKE IT HAPPEN I NEED

_____

_____

_____

COMPLETED

DATE _____ WHERE _____

WITH _____

MY TREASURED MEMORIES & THOUGHTS

_____

_____

_____

_____

_____

_____

_____

_____

WOULD I DO IT AGAIN?   YES ☐   NO ☐

88

I WANT TO DO THIS BECAUSE

_____

_____

_____

_____

TO MAKE IT HAPPEN I NEED

_____

_____

_____

COMPLETED

DATE _____ WHERE _____

WITH _____

MY TREASURED MEMORIES & THOUGHTS

_____

_____

_____

_____

_____

_____

_____

_____

WOULD I DO IT AGAIN?   YES ☐   NO ☐

89

I WANT TO DO THIS BECAUSE

_____
_____
_____
_____

TO MAKE IT HAPPEN I NEED

_____
_____
_____

═══════════ COMPLETED ═══════════

DATE _____   WHERE _____

WITH _____

MY TREASURED MEMORIES & THOUGHTS

_____
_____
_____
_____
_____
_____
_____
_____

WOULD I DO IT AGAIN?   YES ☐   NO ☐

90

I WANT TO DO THIS BECAUSE

_____

_____

_____

_____

TO MAKE IT HAPPEN I NEED

_____

_____

_____

COMPLETED

DATE _____ WHERE _____

WITH _____

MY TREASURED MEMORIES & THOUGHTS

_____

_____

_____

_____

_____

_____

_____

_____

WOULD I DO IT AGAIN?   YES ☐   NO ☐

COLLECT
MOMENTS
NOT THINGS

91

I WANT TO DO THIS BECAUSE

_____

_____

_____

_____

TO MAKE IT HAPPEN I NEED

_____

_____

_____

COMPLETED

DATE _____ WHERE _____

WITH _____

MY TREASURED MEMORIES & THOUGHTS

_____

_____

_____

_____

_____

_____

_____

_____

_____

WOULD I DO IT AGAIN?   YES ☐   NO ☐

92

I WANT TO DO THIS BECAUSE

_____

_____

_____

_____

TO MAKE IT HAPPEN I NEED

_____

_____

_____

COMPLETED

DATE _____ WHERE _____

WITH _____

MY TREASURED MEMORIES & THOUGHTS

_____

_____

_____

_____

_____

_____

_____

_____

WOULD I DO IT AGAIN?   YES ☐   NO ☐

93

I WANT TO DO THIS BECAUSE

_____

_____

_____

_____

TO MAKE IT HAPPEN I NEED

_____

_____

_____

_____

━━━━━━━━━━ COMPLETED ━━━━━━━━━━

DATE _____ WHERE _____

WITH _____

MY TREASURED MEMORIES & THOUGHTS

_____

_____

_____

_____

_____

_____

_____

_____

WOULD I DO IT AGAIN?   YES ☐   NO ☐

94

I WANT TO DO THIS BECAUSE

_____

_____

_____

_____

TO MAKE IT HAPPEN I NEED

_____

_____

_____

━━━━━━━━━━ COMPLETED ━━━━━━━━━━

DATE _____ WHERE _____

WITH _____

MY TREASURED MEMORIES & THOUGHTS

_____

_____

_____

_____

_____

_____

_____

_____

WOULD I DO IT AGAIN?　　YES ☐　　NO ☐

95

I WANT TO DO THIS BECAUSE

_____
_____
_____
_____

TO MAKE IT HAPPEN I NEED

_____
_____
_____

━━━━━━━━━━ COMPLETED ━━━━━━━━━━

DATE _____ WHERE _____

WITH _____

MY TREASURED MEMORIES & THOUGHTS

_____
_____
_____
_____
_____
_____
_____
_____

WOULD I DO IT AGAIN?   YES ☐   NO ☐

96

I WANT TO DO THIS BECAUSE

_____

_____

_____

_____

TO MAKE IT HAPPEN I NEED

_____

_____

_____

▬▬▬ COMPLETED ▬▬▬

DATE _____ WHERE _____

WITH _____

MY TREASURED MEMORIES & THOUGHTS

_____

_____

_____

_____

_____

_____

_____

_____

_____

WOULD I DO IT AGAIN?   YES ☐   NO ☐

97

I WANT TO DO THIS BECAUSE

_____
_____
_____
_____

TO MAKE IT HAPPEN I NEED

_____
_____
_____

COMPLETED

DATE _____ WHERE _____

WITH _____

MY TREASURED MEMORIES & THOUGHTS

_____
_____
_____
_____
_____
_____
_____
_____

WOULD I DO IT AGAIN?   YES ☐   NO ☐

98

I WANT TO DO THIS BECAUSE

_____

_____

_____

_____

TO MAKE IT HAPPEN I NEED

_____

_____

_____

━━━━━━━━━━━━ COMPLETED ━━━━━━━━━━━━

DATE _____ WHERE _____

WITH _____

MY TREASURED MEMORIES & THOUGHTS

_____

_____

_____

_____

_____

_____

_____

_____

WOULD I DO IT AGAIN?   YES ☐   NO ☐

99

I WANT TO DO THIS BECAUSE

_____

_____

_____

_____

TO MAKE IT HAPPEN I NEED

_____

_____

_____

━━━━━━━━━━━ COMPLETED ━━━━━━━━━━━

DATE _____ WHERE _____

WITH _____

MY TREASURED MEMORIES & THOUGHTS

_____

_____

_____

_____

_____

_____

_____

_____

WOULD I DO IT AGAIN?   YES ☐   NO ☐

100

I WANT TO DO THIS BECAUSE

_____

_____

_____

_____

TO MAKE IT HAPPEN I NEED

_____

_____

_____

━━━━━━━━ COMPLETED ━━━━━━━━

DATE _____ WHERE _____

WITH _____

MY TREASURED MEMORIES & THOUGHTS

_____

_____

_____

_____

_____

_____

_____

_____

WOULD I DO IT AGAIN?   YES ☐   NO ☐